삶의 모자이크

이승하

삶의 모자이크

이승하

dm 동문사

프롤로그

내 이야기를 쓰기로 했습니다.

고등학교 때 김○○라는 미술 선생님이 계셨습니다. 어느 날 반 친구 한 명을 불러 의자에 앉히더니 모두 이 친구 상반신 초상화를 그려보라 하셨습니다.
제 나름 열심히 그렸는데 선생님께서 제 그림을 보시더니 들고나오라 하시면서 반 친구들에게 보여 주셨습니다. '와' 하고 애들의 웃음보가 터졌지요. 난 분명 그 친구를 그렸는데 거기엔 제 얼굴이 그려져 있었습니다. 선생님 왈 아마추어는 나처럼 다른 사람 얼굴을 보며 그려도 자기 얼굴을 그린다며 그게 당연한 것이라 설명해 주셨지만 그 날 난 '그림에 재주는 꽝이로구나'라고 깨달았던 것 같습니다.

글도 마찬가지인 것 같습니다.
처음 글을 쓰며 내 감정을 숨기고 다른 사람 이야기처럼 써보려 어지간히 노력했으나 그럴수록 글이 이상하게 꼬이고 나름 이리저리 조작질을 해 봤지만 저 같은 아마추어의 글은 누가 읽어봐도 결국 자기 이야기를 쓴 것이로구나 라고 쉽게 알아차려 버리더군요.
그러니 프로 소리를 들으려면 내 이야기가 아닌 다른 주제를 잡아 이야기를 만들어 내고 자신의 혼을 담아 치열하게 문구 하나 글자 하나를 고민하며 쓴 글을 통해 읽는 사람을 끌어들이고 설득하고 공감대를 만들 수 있는 소위 창작 능력이 있어야 하는 게 아닐까 생각해 봅니다.

전 그럴만한 능력도 그릇도 안 되는 아마추어로 만족합니다.
부끄럽게도 글쓰기 공부 안 하고 맞춤법도 모르는 제가 감히 55~60세까지 쓴 글을 모아 '60을 바라보며' 61~65세까지 쓴 글을 모아 '도깨비방망이엔 뭐가 들었나'라는 제목으로 두서없이 긁적거린 산문을 엮어 책으로 냈습니다. 그리고 우리 나이로 70세, 최근까지 시(?)라고 쓴 글을 모아 '삶의 모자이크'라는 제목을 달아 또 책으로 엮어 봅니다.

누가 자신도 없으면서 왜 글을 쓰고 책까지 내느냐?라고 묻는다면
오래전부터 친구들에게 이메일을 보내면서 조금씩 내 생각을 글로 옮기다 보니 복잡한 머릿속에 실타래같이 얽혔던 잡생각들이 정리되는 걸 느꼈고 하나씩 꺼낼 때마다 내 맘속에 숨겨놓고 맺혀 있었던 것이 이렇게 많았나 놀라게 되었으며 그 과정 속에서 나 자신과 대화하며 화해를 하고 미워했던 사람을 용서하고 꾹꾹 눌러 둔 마음속 상처를 스스로 치유하게 된 놀라운 경험을 하게 된 것 때문이라고 말하고 싶습니다.

그걸로 전 충분합니다. 하지만 무식하면 용감하다고 누군가 제 넋두리 같은

이야기를 듣고 삶에 조그만 공감이나 참고가 되고 또 자신의 맘속에 이야기를 글로 풀어 봐야겠다고 용기를 낼 수 있게 된다면 좋겠다는 바람과 욕심이 생겼습니다. 그게 이유가 될까요.

아무튼
사업이라고 벌여 놓고 밖으로 돌면서 신경 못 써 준 저 때문에 맘고생 많이 한 김미연 님과 자식들에게 늘 미안하고 빚진 마음이라는 걸 다시 한번 밝히며 이 책을 세상에 냅니다.

목차

프롤로그 · · · · · · · · · · · · 5

1. 할머니 댁 가는 길 · · · · · · · · · · 10
2. 빚 · · · · · · · · · · · · · · · · 12
3. 들꽃 · · · · · · · · · · · · · · 14
4. 삶의 모자이크 · · · · · · · · · · 16
5. 얼굴 · · · · · · · · · · · · · · 18
6. 이별 · · · · · · · · · · · · · · 20
7. 제주도 · · · · · · · · · · · · · 22
8. 어이할꼬 · · · · · · · · · · · · 24
9. 정리 · · · · · · · · · · · · · · 26
10 난청 · · · · · · · · · · · · · · 28
11. 시계 · · · · · · · · · · · · · · 30
12. 입동 · · · · · · · · · · · · · · 32
13. 살다 보면 · · · · · · · · · · · 34
14. 길 · · · · · · · · · · · · · · · 36
15. 마중물 · · · · · · · · · · · · · 38
16. 가끔은 · · · · · · · · · · · · · 40
17. 가장 · · · · · · · · · · · · · · 44
18. 삶이란 · · · · · · · · · · · · · 45
19. 지금 · · · · · · · · · · · · · · 46
20. 나의 왕국 · · · · · · · · · · · 50
21. 그러려니 · · · · · · · · · · · · 52

22. 약육강식 · · · · · · · · · · 54	45. 냄새 · · · · · · · · · · · · · 100
23. 아버지의 유산 · · · · · · · · · 56	46. 예순여섯 · · · · · · · · · · · 102
24. 준비 · · · · · · · · · · · · · 58	47. 우린 그렇게 · · · · · · · · · · 104
25. 결혼 10주년 - 아빠가 · · · · · · · 60	48. 젊은 날 · · · · · · · · · · · 106
26. 히포크라테스 · · · · · · · · · · 62	49. 열여섯 · · · · · · · · · · · · 108
27. 지적질 · · · · · · · · · · · · 64	50. 위로 · · · · · · · · · · · · ·110
28. 입춘 · · · · · · · · · · · · · 66	51. 여름비 · · · · · · · · · · · · 112
29. 생채기 · · · · · · · · · · · · 68	52. 너만 모른거다 · · · · · · · · · ·114
30. 사랑 · · · · · · · · · · · · · 70	53. 다행이다 · · · · · · · · · · · ·116
31. 숨바꼭질 · · · · · · · · · · · 72	54. 정답 · · · · · · · · · · · · · 118
32. 무량수전 · · · · · · · · · · · 74	55. 약손 · · · · · · · · · · · · · 120
33. 내 할머니 · · · · · · · · · · · 76	56. 돈 · · · · · · · · · · · · · · 122
34. 기다림 · · · · · · · · · · · · 78	57. 11월의 끝날에 · · · · · · · · · 124
35. 은퇴 · · · · · · · · · · · · · 80	58. 사기 · · · · · · · · · · · · · 126
36. 콩꺼풀 · · · · · · · · · · · · 82	59. 외로움 · · · · · · · · · · · · 128
37. 시간 · · · · · · · · · · · · · 84	60. 깜박 · · · · · · · · · · · · · 130
38. 쪽팔림 · · · · · · · · · · · · 86	61. 산 · · · · · · · · · · · · · · 132
39. 우상 · · · · · · · · · · · · · 88	62. 하지 마라 · · · · · · · · · · · 134
40. 노모 · · · · · · · · · · · · · 90	63. 낙엽 · · · · · · · · · · · · · 136
41. 인연 · · · · · · · · · · · · · 92	64. 안양천에서 · · · · · · · · · · · 138
42. 지름길 · · · · · · · · · · · · 94	65. 꿈 · · · · · · · · · · · · · · 140
43. 올림픽 공원 · · · · · · · · · · 96	
44. 낙화 · · · · · · · · · · · · · 98	에필로그 · · · · · · · · · · · · · 142

할머니 댁 가는 길

8번 버스를 타고
4·19탑에서 내려
아카데미 하우스로
오르다 보면
저기 먼 발치

거미줄
머리에 이고
힘겹게 서 있는
나무 전봇대

날은 저물어
점점 어두워 가고
골목길 접어드는
신호등처럼

힘겹게 매달린
삿갓등
불빛 은은하다.

할머니 댁 가는 길

발걸음 재촉하다
위쪽 길에서
내려오는 사람
실루엣 비치면
다리부터 나타나
여린 마음은
움츠리며 오싹했다.

나무숲 우거져
앞길 어둡고
누가 부르듯
물소리 흘러도

토요일 밤이면
두부찌개 끓여 놓고
기다리실
할머니 생각나
정 고픈
발걸음
오늘도 가볍다.

―

고등학교부터 결혼 전까지 매주 토요일이면 수유리 할머니 댁에 갔지요.
할머니께서는 콩을 불려 맷돌에 갈고 간수를 부어 두부를 직접 만드셨습니다. 그때 돼지고기랑 명란 새우젓 넣고 끓여주신 두부찌개 맛은 지금도 추억 속에 그대로 남아 있습니다.
세상에서 제일 맛있던 두부찌개 한 번만 더 먹어 봤으면 좋겠네요…

빛

빚지지 말고 살아라.
할비가 말했다네

할비 말씀 지키려고
어지간히 노력했지…
돈 꾸면 바로 갚고
신세 지면 인사하고
뭘 받으면 나도 주고

그리 살았는데
나이가 들어 보니
나도 모르게
천지사방 天地四方
깔고 살았더군

부모님 빚
마누라 빚
친구 빚
선생님 빚
세상 빚…

왠 놈의 자식 빚은
그리도 큰지
평생 갚아도 끝이 없다네

그 중
제일 큰 빚은
마누라 빚
일심동체 一心同體 니
뭐니 해서
공짠 줄 알았는데
천만의 말씀

빚지고는 못사니
틈틈이
갚는다고 갚고 있는데

마눌님은 아시려나

여보게나
그놈의 빚
저승까지
지고 가야 할까 보네

—
세상살이 우여곡절이야 많았지만 어찌 저뿐이겠습니까…
여직 무탈하게 살아 있는 게 세상에 빚진 것이란 생각이 듭니다.
나름 사람 된 도리 하며 살았다 자부하며 나 잘난 줄 알았는데
이제 보니 묵묵히 뒤를 받쳐 준 마누라 덕이 컸지요. 자부하는 건 아닙니다.

들꽃

들에 펴서
들꽃이다.

놔둬라.

거기가
제 자리다.

들에 핀 꽃이 너무 예뻐 화분에 옮겨 봤습니다.
뭐가 잘못된 건지 금방 시드니 볼썽사납고 너무 실망스럽네요.
그 자리에 두고 가끔 가서 볼 걸 그랬습니다.
사람도 자기에게 맞는 자리에 있을 때 가장 빛나는 게 아닐까요.

삶의 모자이크

작은 유리 쪼가리 하나
예쁘건
울퉁불퉁하건
그건 중요치 않다.

하나가 둘이 되고
그것이 모여
큰 그림이 되는 동안
수많은 우여곡절과
시간이 쌓여가면
뭔가 보이는 것이 있다.

그게
남들이 보는 내 삶이다.
화려하다거나
이상하다는 건

남들의 눈일 뿐
못생기거나 중요치 않은
쪼가리란 원래 없었다.

그러니
잘 살아야 한다.
그것만 알면
그걸로 충분하다.

마지막
쪼가리를 맞추며
미소 지을 수 있게

하루
또 하루

하루 단위로 삶을 쪼개보면 같은 날이 없지만 그게 모이면 인생이 됩니다. 제가 세상에 큰 흔적을 남기고 가기는 텄지만 아마 내 뒤에 선 자식은 내 뒷모습을 바라보며 제가 남긴 그림을 볼 거라 믿고 삽니다.

얼굴

결혼 초에 아내보다 오래 살아서 뒷마무리 잘하고
내가 가기로 약속했습니다.
하지만 속마음은 반대입니다.

내 얼굴 속엔
당신 얼굴이 들어가 있다.
그걸 알기까지
너무 오랜 시간이 지났다.

날 닮아 가는 당신
당신과 비슷해져 가는 나
남들의 오누이 같다는 인사는
진실일 거다.

밀고 밀리고
감싸고 부딪히고
본 척 못 본 척
참으로
마주 보며
오랜 시간을 흘려 보냈다

오늘은
날 잡고
앞에 앉아
안경을 올렸다 내렸다
신문을 뒤적거리는
당신 얼굴
찬찬히 바라본다.

돋보기를 쓰고도 잘 안 보이나
하나 둘 셋 넷…
언제 저리
이마엔 잔주름이 늘었을까
당신의 주름져 가는 얼굴

그 속에
분명 내 얼굴이 숨겨져 있을 거다.
세월이 녹아 있을 거다.

이별

만남에는
누군가를 통해
내가 존재함을
확인하고픈 바람이 들어있다.

하지만
엔간해선 만나면 안 된다.

언젠간 마주해야 할
이별의 무게를
감당하기 어렵기 때문이다.

그건 추억뿐이 아니다.
함께 한 모든 것이
쌓이고 뭉쳐
바위가 되고
성벽처럼 단단해져 버린
내 믿음의 세월이다.

결국
부숴지고 가루가 되어
남겨진 흔적마저
희미해져 가겠지만
그마저 지울 자신이 없어
수많은 밤을
자책하며
지새워야 한다.

그러니
이별이 만남보다 늘 어렵다.

당신이 천근같이 무겁고
시작과 끝이 한결같아도
내가 깃털처럼 가볍기 때문이다.

살다 보면 죽고 못 살 것 같이 친히 지냈던 친구 동료 지인들이 어느 순간 연락이 끊어지며 멀어지게 됩니다. 내가 소홀히 했나… 꼭 내가 먼저 만나자 연락해야 했나… 그에게 난 무엇이었을까… 자책하면서 또 새로운 만남을 이어가지요. 그게 사람 사는 걸까요…

제주도

맑은 하늘 보며
눈 청소하고

숲길 거닐며
폐 청소하고

너른 바다 보며
마음 청소하고

벗과 함께
즐거운 대화 나누며
숨겨진 맛집
찾아다니는
재미 쏠쏠하다.

참 좋다.
내가 보고플 때
네가 거기 있어…

우리나라에 제주도가 있어 참 좋다는 생각입니다.
다양한 볼거리 맛거리도 좋지만 개인적으로 해안도로 드라이브를 제일 좋아합니다.

어이할꼬

어이할꼬

돈은 어디서 샘솟나
펑펑 뿌리겠다는
화려한 정책들
핑계는 언제나 서민
피해도 언제나 서민

허술한 정책에
책임 피할 구멍 찾는
약삭빠른 인간들
이익은 only 사유화
손실은 why 사회화

윤리 도덕 사라지고
법대로 해보자
배 째라는 그 꼴 보며
누가 성실히 일할꼬

다 잊었나
이 만큼 살게 된 게
누구 덕분일꼬

그분들은 아닐 진데
폭탄 안 터지고
내 임기만 넘기면
저절로 해결되나
헛 생색내며
싸지른 빚 누가 갚을꼬

전 우리나라의 잠재력을 믿습니다.
그러니 나리님들 싸움 좀 그만하고 월급 주는 백성을 위해 일 좀 했으면 합니다.
한쪽에서 헛발질해도 열심히 자기 할 일 하며 정신 바짝 차린 국민들 덕분에
이 만큼 살고 있으니 우리나라 엄청 대단한 나라입니다.

총 맞은 놈은 있는데
총 쏜 놈은 없는 세상
독박 쓰는
젊은 세대 어이 살꼬

당연하다
애 안 낳고…
결혼 안 하고…

유구한 우리 역사
오늘까지 변한 게 없구나

나리께서 사고치고
백성이 수습하고

정리

책장을 덮음과 동시에
내용이 생각나지 않는다.

뭘 쌓기엔
나이가 지났나 보다

영원하리라 믿었던
인연도
친구도
가슴 떨리던 감동도
하나씩 둘씩
떨어져 나가 희미해졌다.

놓지 않으려
발버둥 쳐도
저절로 정리되고
줄어드는 것
어쩌면
그게 순리일지도 모르겠다.

맞설 것 없이
그냥 그렇게 살련다.
애쓰지 말고
애태우지 말고

나이를 먹어가며 뭔가 자꾸 잊어버리는 것이 나쁜 것만도 아니라는 생각이 듭니다.
저절로 주변이 정리되고 사는 세상도 단순해진다는 것이 세월의 힘에 순응하게 되는 것이고 겸손해지는 거겠지요. 나이 땜에 스스로 자신을 가두지만 않았으면 합니다.

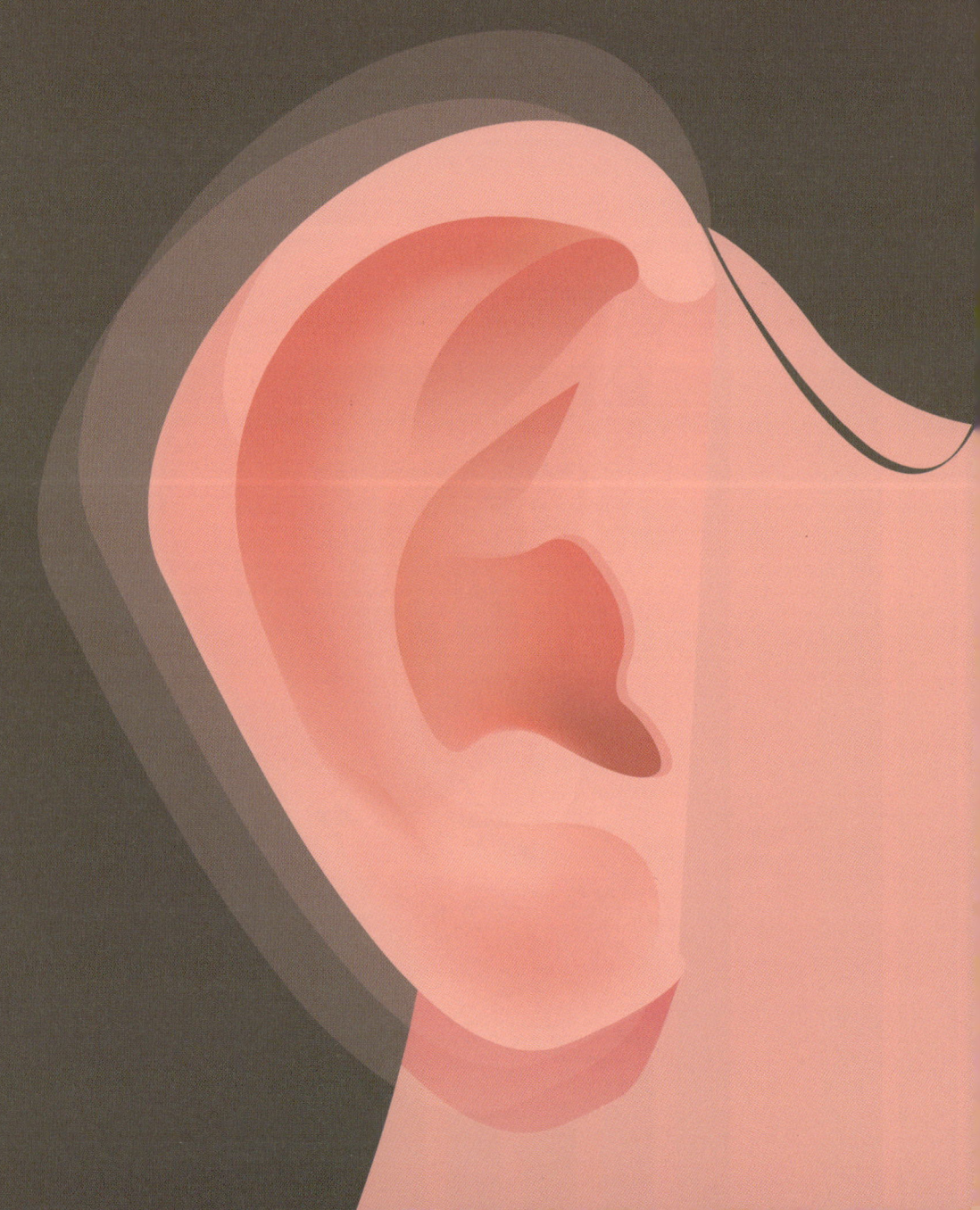

따라라 랑 땅
땅 따라라 랑 땅…

여보 당신 전화 같은데

응? 정말이네
당신 귀가 좋네
난 안 들리는데…

마누란 멋쩍은 듯
낄낄거리더니
늦게 받아 미안하다며
수다를 떨기 시작한다.

하긴
말귀를 못 알아들어
동문서답에
자기 이야기만 떠드는
아무 말 대잔치
벌써 몇 년째인가

가슴이 짠해온다.
병원에선
내 귀에
난청이 온 것 같다며
정밀 검사받으라는데

곱게 늙어 가고 싶은 맘이 있습니다.
그러나 나이 든 사람의 소망일 뿐… 현실은 아닐 것 같네요.
40년을 넘게 함께 살았으니 서로의 보호자가 돼야겠지요.

시계

눈에 보이는
숫자와 바늘
그건 얼굴일 뿐

그 뒤엔
수많은 부속들과
크고 작은 톱니바퀴들이
맞물려
힘을 주고 받으며
돌아가는
노고가 숨어있다.

반짝이는 다이아가
화려함을 뽐내도
작은 부속 하나
멈추거나 잘못되면
그건 시계가 아니다.

삶도 그렇다
남들 눈에 보이는
겉모습에는
온갖 치장을 하면서도

보이지 않는 곳에
숨겨져 있다는…
하찮은 것이라는…
이유를 달며
얼마나 많은 것을
모른 척하고
무시하며 사는가

그들이 우리에게 묻는다.

무엇이 중요하고
중요치 않은 것은
무엇인가

돈 벌고 있다고 살림살이에 무심한 저 같은 인간이 먹고살 수 있는 이유는 각자 자기 분야에서 열심히 살고 있는 다른 이들의 노고 덕분이지요.
어떤 일에 더 가치를 두고 중요도를 매기냐는 사람이 정할 뿐… 뭐 하나 중요하지 않은 건 없고 세상이 돌아가는 이치도 정교한 시계 같다는 느낌이 듭니다.

입동 立冬

옷깃 여민 거리에
낙엽 쓸려
흐르는 소리
구슬프다.

저 낙엽
흙이 되 흩어지겠지만
갈 곳 모르는
난 홀로 걸어야 한다.

알고 싶다
이 만큼 살고도
어딜 가는지
뭘 놓치며 살았는지
찾을 수가 없다.

몇 번이나 남았을까

바람은 차가워지고
다시
겨울은 오는데

겨울이 오면 생각이 많아집니다. 살며 몇 번이나 겨울을 맞이할 수 있을까요.
젊을 땐 이런 말 하면 청승 떤다고 했는데… 하느님만 아시겠죠.
분명 점점 짧아지는 삶, 의미 있게 잘 살고 싶네요…

살다 보면

살다 보면
마주치는 운명의 순간이
몇 번 있다.

내 의지였냐
피할 수 없는 상황이었냐는
중요치 않다.
신중히 숙고하며 결정했냐
아무 생각이 없었느냐도
중요한 것이 아니다.
하지만
그 선택으로
내 삶이 바뀌었음을…

살다 보면
몇 번의 위험한 고비를
만난다.

그 상황에 빠지면
위험한 건지 아닌지도
판단을 못 한다.

정신없던 악몽의 시간을
뚫고 나왔느냐
순간의 숨 막힘을 잘 참았느냐
요행수로 넘어갔느냐
아니냐
혼란스러울 뿐

하찮아 보인
그 무엇 때문에
내 삶이 나락으로
추락해 버렸을 수도 있었음을…

살다 보면
남들 사는 것처럼
평범한 삶이란
누구에게도 없음을
깨닫게 된다.

내 어리석은 판단과
인내할 줄 몰랐던
순간과 고비를 넘기고
그게 쌓이고 모여
오늘 내가 숨 쉬고 있음을

그래서 내 삶이 기적이고
축복임을
스스로 깨닫는 날
어른이 된다.

하느님 감사합니다.
제게 주어진 오늘이 축복이고 기적임을 압니다.
경솔하고 모자라고 부족한 제가 누리고 있는 모든 것이 갚아야 할 빚이고
제 주위의 모든 사람들의 도움 덕분임을 매 순간 깨닫게 하소서.

길

감사의 기도도 소용없었다.

오르막길을 만나건
내리막길을 만나건
늘
맘 졸이고 안달하며 살았다.

가는 길은
늘
무겁다 불평하며 살았다.

소풍 전날처럼
설렘으로 가득하고
즐겁게 쉬엄쉬엄 가길
꿈꾸며 살아왔건만

돌아갈 수 없는 길을
헐떡이며
높이도 올라왔다.

부질없는 원망도
쓸데없는 미움도
쌓고 부수고
다시 쌓고
그 모든 것이
과연 내 선택이었을까

그 길 끝에서
떼는 마지막 발걸음 만은
꿈길처럼
나비처럼
가볍기를

우리는 시지프스가 받은 형벌처럼 무거운 돌을 지고 오르고 내리길 무한 반복해야 하는 운명일까요… 난 그렇게 살지 않겠다고 다짐했건만 되돌아보니 그 길을 따라 걷고 있네요.
어쩌면 빠져나갈 길이 보이는데도 죽는 순간까지 용기를 못 내는 것일지도 모릅니다…

마중물

조금만 있으면 된다.
한 바가지
그걸로 충분하다.

그 힘으로
손 내밀어 조금 당겨주면
어찌할 바 모르던
그가
솟구쳐 올라
세상을 적실 수 있다.

잠겨져 있던
문고리를
활짝 열어 제끼며
뛰쳐나올 수 있다.

난
멀리서
그대 걸어오는
발자국 소리 들리면
싸리문 밖
맨발로 마중 나가
그대 땀진 얼굴
보일 때
미소 지으며
힘껏 안아주고 싶다…

우리 나이쯤 되면 소심해지는 건지 남은 기력도 별로 없고
자기 몸 하나 보신이나 하며 사는 거지
세상에 기여할 수 있는 역할은 끝났다는 말들을 합니다.
전 생각이 다릅니다.
우리가 겪어 온 경험과 나름의 철학을 살려서
갈 길 모르는 젊은 세대의 마중물 역할이 남아 있다고 생각합니다.
근데 젊은 사람들은 펌프질할 때 마중물이 필요하다는 걸 알긴 할까요?

가끔은

가끔은
그리움으로
남겨 두는 것이 편하다.

애틋하고 잊을 수 없던
그 무엇마저
세월 속에 낡고
녹아 내렸어도
남겨진
그 흔적
그대로 간직하고
싶은 것이 있다.

설레어 웃고 울었던
그 날의
추억이 흩어져
공허해진 마음을 안고
살 자신이 없기 때문이다.

가끔은
미워하고
화내는 것이 편하다.

내가 사랑한 것을
사랑해야만 하기에
홀로 남겨 둘 수 없기에
이해하고 인내하다
어느 순간
정말 마음이 돌아설까
두렵기 때문이다.

가끔은
목 놓아 울 수도
눈물 한 방울
흘릴 수도 없다.

어느 순간
가슴이 저리도록
후회와 한이 쌓여도
오히려
아무렇지 않은 척해야 한다.

눈물을 펑펑 흘리면
속이 시원할 것 같아도
마음마저 흔들리면
모든 것이
한 번에 흐트러져
손 놓아 버릴까 봐
입술 깨물며
다 잡고
가야 할 때가 있기 때문이다.

가끔은
멀리 떠나고 싶다.

어디엔가
한가한 곳에 걸터앉아
아이들 뛰어다니고
자동차가 흘러가는
풍경을 멀거니 바라보고 싶다.

그렇게
그대 곁에서
이런 평화로움이
오래도록 머물기를
기도하며

그렇게
그냥 그렇게
살고 싶다.

열심히 사는 이유를 찾자면 아마도 어찌 될지 모르는 미래를 준비하기 위해서일 겁니다. 하지만 남에게 보여주는 내 모습과 내 속마음이 항상 같을 수는 없지요. 지난날을 돌아보면 속마음을 다른 이에게 털고 살 수 없어 항상 답답했습니다. 그럼 나이든 지금은 속마음을 다 까고 살 수 있을까요? 더 어렵고 불가능하지요. 이젠 한 박자 쉬는 법을 배워가며 현재를 즐기고 사는 게 현명한 것 아닐까 합니다.

가장

알았다면 도망쳤을 거다.

가장은 완장이다.
한번 차면 벗을 수 없는
보이지 않는 굴레다.
처음 찰 땐
으쓱해
그 무게가
얼마나 무거운 건지
깨닫지 못한다.

결혼을 하면
세상이 네게 속삭인다.
네가 가장이다.
가정을 지키고
가족을 먹이고
직장 돈 신뢰로 무장해라…
완장 찬 값을 해라…

나이가 들면 깨닫는다.
이 굴레에서
벗어 날 수 없다는 것을
아차 하고 자빠지면
사람 취급 못 받고
완장 찼다 까불다간
ATM으로 전락한다는 것을

내 모든 에너지를 불사르며
세상이 채워 준
그 완장을 지키기 위해
아니
내가 살아 남기 위해
앞만 보고 달리다
이미
멈출 수 없게
돼버렸다는 것을…

세월이 빠르기도 하지만 그 속도보다 빨리 바뀌기도 합니다.
우리 시절엔 남자가 당연히 가장 역할을 하며 무거운 짐을 진 채 살아왔고
그래도 서열이란 게 남아 있어 대접은 받고 있다 착각하며 오늘까지 왔네요.
내 눈엔 요즘 젊은 남자애들 사는 건 저희 때보다 더 무거워 보입니다.

삶이란

더는
속지 않으리

난 몰랐다.

거기엔
아무것도 없다는 것을
숙제는 없고
문제만 있다는 것을

나는 알았다.

이유는 없고
그냥
사니까 사는 것이라는 것을

차리리
난
고개 들어
별똥별 떨구는
밤이 오면
하나 둘…
가슴에 안아
그댈 기다리며 노래하리라.

살아보면 단순한 일이 없고 복잡하게 얽혀 있어 '왜'란 질문이 많이 생깁니다.
분명 남에게 피해를 주고 해를 끼친 사람이 벌 받기는커녕 큰소리치며 잘 살기도 하고 학교에서 배운 대로 성실히 살아도 성공이 보장되지 않습니다.
모든 종교가 평화와 사랑을 가르치지만 그 때문에 서로 죽입니다.
다 이유야 있지만 모순투성이이지요. 하지만 우리가 꼭 답을 찾아야 할까요. 답 찾을 시간에 살아 있는 동안 노래하고 춤추고 주위에 사랑을 나누며 살고 싶습니다.

지금

세월의 힘 앞에
꿈은 아득해지고
희망은 산산이 깨졌다.

선택의 순간
찰나의 망설임이
긴 아쉬움으로 남았다.

반복되는
성공과 실패를 통해
신뢰와 믿음은
배신과 실망으로 돌아왔다.

하지만
그딴 것에
삶이 좌우되는 것은 아니다.

삶은 일장춘몽이고
모든 것은 허망한 욕심이라
말하지만

그걸 몰라서가 아니라
그럼에도 불구하고
이 길을 걸어야 한다.

당신이
세상에 던져진
이유가 돼야 한다.

지금이
가장 소중해야 하고
지금
사랑하고 행복해야 한다.

그것이
삶에 대한 예의다.

행복해야 합니다. 무슨 이유가 필요할까요.
문제는 남이 만들어 줄 수가 없다는 것… 그것 아닐까요.

나의 왕국

나의 왕국이 사라지고 있다.

땅따먹기 게임에서
패배하며
조금씩 야금야금 사라지고 있다.

마누라는 약속했다.
애들만 결혼하면
내 방을 만들어 주겠다고

애들이 떠나니
애들 물건 건들지 말란다.
이건 분명 견제다.

어느 날
지저분한 것 보기 싫다며
장롱을 쓰. 윽. 집어넣더니
들락날락
이런저런 게 채워지며
결국 마누라 방이 되었다.

이제 남은 영토는
거실 소파 한구석과
안방 화장실뿐

다행히 화장실이 둘이라
각자 하나씩 쓰자고
마눌님이 인심 쓰신 거다.

7년간
불가침 조약은 깨지지 않았는데
어제 보니
마눌님 칫솔이 들어와 있다.
아…
내 최후의 피난처가
침범당하고 있다.
이 나이에
더 큰 집으로 이사 가야 하나…

생각해 보니
아무 소용없을 것 같다…

집 소유권이 제게 있어도 사용권은 마눌님께 있습니다.
선처만 바랄 뿐… 반항해 봐야 소용없지요.
논리적으로야 한집 살면서 네 것 내 것이 어디 있느냐이지만
저만의 공간도 배려해 주셨으면 합니다.

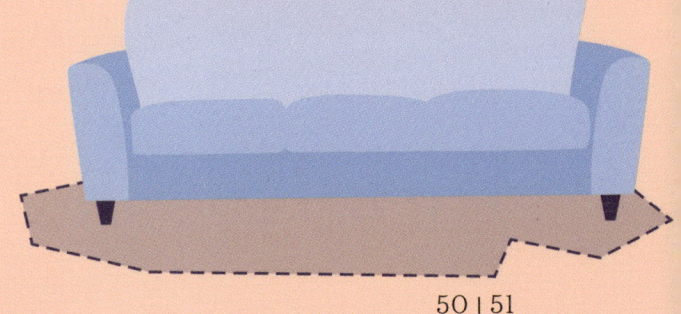

그러려니

그러려니 하고 살아라.
누가 널 씹으면

그러려니 하면 안 되더라.
세상이 수상할 땐

세상의 손 바뀜은
그러려니 할 때 오고

내 삶에 위기는
그러려니 못 하는 데서 오더라.

세상 살며 자신에게 오는 비난과 공격은 대응할수록 확대되니 무관심한 게 최고입니다.
하지만 세상의 큰 변화는 아무도 예상하지 못했던 곳에서 생긴 조그만 사건으로 오지요.
한방에 뻥 터지기도 하고 작게 시작해서 크게 번지며 세상을 바꾸기도 합니다.

약육강식 弱肉強食

맹수의 먹잇감은
연약하고 병든 동물이다.
그걸 노리는 맹수는 죄가 없다.

누구에게나
도움이 절실할 때
외로이 홀로서야 할 때가 있다.

그게 문제다.
악한 자는 약해진 자를
알아보는 맹수와 같다.

선한 자는
쉽사리 나서지 않고
멀리서 지켜보지만
악한 자는
먼저 손 내밀며
천사의 미소로 다가온다.

그러니
외롭고 어려울 때
스스로 도와주겠다며
접근하는 자를 경계해야 한다.

피를 흘릴 땐
주위엔 육식동물 만이
모여든다는 걸…
세상도
정글로 바뀐다는 걸…
인정해야 한다.

슬프지만
어쩌면
악한 자는 악할 뿐
죄가 없을지 모른다.

세상엔 선한 사람이 많을까요? 악한 사람이 많을까요?

TV를 보면 가슴 따뜻해지는 미담과 착한 사람들 이야기가 많이 나옵니다.

하지만 그건 TV의 역할일 뿐… 분명 세상엔 선한 사람 만큼 악한 사람도 존재합니다.

어떤 땐 선한 자는 사라지고 온통 뜯어 먹으려거나 속이려는 사람으로 둘러싸이기도 합니다. 그때가 도움이 절실하거나 외롭거나 약점이 노출된 때입니다.

아버지의 유산

24.4.8.

무섭지는 않았다.

새벽 2~3시쯤이었나?
병상을 지키다
섬뜩한 느낌에
잠에서 깨보니
아버님은
가부좌를 틀고
나를
내려다 보고 계셨다.

마치 절에서 뵌
부처님이 현신한 것처럼…

이봐 어떻게 생각해…
뭘요?
생각을 좀 해… 생각을…
예… 그만 누우세요.

다음 날 아침
그냥 그대로
깨어나지 못하신 채
먼 길을 떠나셨다.
혼자
몸을 가누지도
못하시던
아버님은
어디서 그런 힘이 나셨을까?

마지막
숨을 몰아쉬시던
그 밤
온 힘을 다해
내가 평생 품어야 할
소중한 말씀을 남기셨다.

아버님 감사합니다.
…

4월 8일은 아버님 6주기가 되는 날입니다.
어제는 어머니부터 제 손주들까지 온 가족이 파주 참회와 속죄의 성당에 모여 인사드리고 아버님 바람대로 밥 먹고 떠들며 재밌게 놀았습니다.
아버님도 기쁘셨을 겁니다.

준비

24.3.21.

난 준비가 안 됐다.

이별은 갑자기 찾아온다.
맑은 하늘에 벼락같고
늘상 걷던 길에서
발목이 꺾이며
자빠지는 것 같다.

평온했던
지루했던
일상이 축복이었음을

난 준비가 안 됐다.

그대가
불쑥불쑥 나타나기 때문에…
이젠 잊었다 믿었는데
어느 순간
가슴 한구석에
꽈리를 틀고 있는
널 발견한다.

다시 그 날이 온다면
그 날의
어리석음을
망설임을
반복하지 않으리

난 준비가 안 됐다.

믿음은 갑자기 사라진다.
성냥불이
훅… 단번의 숨 바람에 꺼져
밝음이 어두움으로
바뀌기 전까지
불길함은 없었다.

신뢰한 만큼
되돌려 받기를 바란
내가
어리석었음을

난 아직도 준비가 안 됐다.

갑작스런 이별도
아쉬움 남긴 사랑도
조건 없는 믿음도
그 무엇도…
받을 수가 없다.

누구나 나이가 들면 세월의 무게에 눌려 이런저런 사연이 쌓이고 가슴에 품고 가게 됩니다.
때론 그 순간 뭔가 다른 선택을 했다면 달라지지 않았을까 후회하면서…
하지만 정말 달라졌을까요… 과거는 묻고 품을 줄 알아야 어른이 되는 건 아닐까요. 그때는 그때 지금은 지금… 전 그렇게 생각합니다.

결혼 10주년 - 아빠가

24.3.9.

정신없이 걷다 보니
많이 온 것 같지?
이제 조금 왔다.
토끼 같은 애들 둘

첩첩산중
여러 갈래 길이지만
어디로 가야 할지
깨달을 때가 됐다.

그래서 힘을 내야 하고
그래서 한참 좋을 때다.

둘이서
발맞춰 걸으면
발걸음 가볍고
마음 즐겁고
힘들지 않을 때다.

큰아들이 결혼 10주년이네요.
마눌이 축하한다고 뭐라도 해 보랍니다.
그래서 한 줄 써서 보내 줬습니다.

히포크라테스

마누라가 운다
서럽다고 운다
무지외반증
조금 걷고 오면
발 아파 죽는단다.
동네병원
두 군데서 수술하라 권해
무섭다고
두 달이나 기다려 간
대학병원

동네 선생님께 들은 소릴
쥐 삼키는데
누가 수술하라고 했냐며
야단만 맞았단다.

선생님 왜 그러세요.
너무 오래돼
히포크라테스 선서는
잊으셨겠지만
의사가 벼슬은 아니잖아요.

꼭 원하면 해 주겠다며
수술할지 말지를
환자보고 결정하라니요.

뭐가
그리 맘에 안 들었는지
모르지만
엄마 같은 나이 환자가
최후의 보루라 믿으며
찾아간
절박한 마음 좀
헤아려 주세요.

세상사 갈등이 있는 곳엔 양쪽 의견을 다 들어본 후 판단해야 하지만 무지외반증 지간신경종 발등 류마티스까지 온갖 질환이 마눌님 발에 있어 아파 잘 걷지도 못하는데, 동네병원보다 낫겠지 하며 수술하러 찾아간 대학병원 족부 크리닉 선생님에게 하소연도 제대로 못 하고 야단만 맞았단다.
마누라도 의학지식이 있으니 동네 정형외과 선생님 설명을 전달하는 과정에서 뭔 심사를 건드렸는지 모르겠지만 어린 선생님이 자기보다 선배인 개원의 선생님 의견을 무시하고 제 엄마 또래 환자를 그런 식으로 구박해도 되는 건지… 에…휴…

지적질

미리
코치해 줄 것 아니면
남이 시작한 일에
콩나라 팥나라 마라

맘에 안 드는 게 보여도
네가 더 잘난 것도
예리한 것도 아니니
주둥아리 닥치거라.
사실
그따위 지적질이
세상 가장 쉬운 거란다.

칭찬과 격려가
필요한 시점에
괜히
헛발질하는 것 아니겠니

입을 열 때와 닫을 때를 아는 것
세상사
타이밍이란다.

남이 이미 해놓은 일을 보고 비판하는 걸 즐기는 사람이 있습니다. 지적질이 나쁜 것은 아니지만 자기가 남보다 우월한 것도 아닙니다. 그걸 착각하는 것 같습니다. 아마 그런 사람이 사업하면 위험이 훨씬 클 겁니다.

입춘

24.2.6.

화분에 심어 논
난이랑 영산홍이
날 보더니 활짝 웃습니다.

작년에
마눌이 고속터미날에서
2000원씩 주고 사며
키워보겠다 하길래
2000원짜리가
오죽할까 싶어
쓸데없는 짓 한다고
관심도 안 뒀는데
피니까 이쁘네요.

새삼
살겠다는
생명의 의지가 놀랍고
세상을
너무 돈 중심으로
바라봤나 반성도 되고…

지난 일요일이
입춘이었다는데
밖은 꽁꽁 얼어 있어도
곧
봄이 오긴 오려나 봅니다.

마눌님은 죽어가는 꽃도 살려내는 재주가 있습니다.
곧 죽을 줄 알았던 서양 난 화분에서 몇 년 만에 꽃이 피기도 했지요.
자부심이 대단합니다. 남편 기(氣)도 살려주려니… 믿고 삽니다.

생채기

23.12.31.

피하고만 싶었다.
피할 수가 없었다.
쓰나미 같이 덮쳐오는
세상에
압도되고 휩쓸렸을 뿐

여기저기
부딪히며 살다 보니
온몸은
생채기투성이

하나하나
새겨질 때마다 아팠다.

삶은
하루하루
휘청거림과
똑바로 설 수가 없다는
자학과 고통에
조금씩 무뎌져 가는 여정

생채기는
그걸
기억하게 해 주는 상징

참 신기하다
우리는
모두 그걸 감출 줄 안다.

너도
나만큼 아팠을 텐데…

나만
그렇게 산 게 아닐 텐데…

일 년에 마지막 날
돌이켜보면 수도 없는 고난과 고비를 넘기며 여직 무탈하게 살아 있는 것이 기적입니다.
나만 특별히 그렇게 살아온 것도 아닙니다. 비슷비슷하게 살아내며 우린 아무렇지도 않은 척 오늘을 살고 있습니다.
아마 새해에도 그렇게 살아갈 겁니다. 모두모두 새해에도 화이팅!!

사랑

23.10.19.

손잡고
입 맞추고
가슴 떨리고 설레고

결국
우리는 모두
사랑의 맹세를 하며
부모가 되고
자식을 사랑하고
희생을 기꺼이 감내하지만
모든 자식은
당연히 그걸 모른다.

나이가 들어보니
사랑은 섹스가 아니다
사랑은 주기만 하는 것도 아니다.
시간이 갈수록
여인이 편해질수록
그런 열정의 시절은
그립기만 하다.

삶은
스스로 타 올라
하얀 재 속에 스며들고
흔적은 노을 되어
붉고

그대 향한 바람일 때면
숨겨진 불씨처럼
되살아나
알 수 없는 바람으로
번져가는 불꽃…
안개처럼
손에 잡히지 않는 그리움…

보이지 않아도
잡을 수 없어도
끝까지 품어 가보겠다는 건
나 혼자의 이기심일까…
사랑일까…

나이 들면 젊은 날 가진 사랑의 개념도 바뀌게 됩니다.
인생을 같이 보낸 사람과 함께 느끼는 애처로움 동정심 동지애…
이런 게 버무려져 믿음과 의리로 살아가는 것 이런 것도 사랑의 한 꼭지가
아닐까요…

숨바꼭질

23.8.3.

여보 거시기 어딨어?
으이그
당신 서 있는 뒷장
왼쪽 첫 번째 서랍

그럼 거시기는?
제일 밑에 칸에 있잖아
좀 찾아보고 물어보지…

오는 말이 곱지가 않네…
잘도 숨겨놨다
구박데기로구나

그걸로 우월감을 느끼려나
지 존재감을 확인하려는 건가

뭐든 좋으니
저 화상 어리버리하다
타박받더라도
이 게임
오래오래 하면서
살 수만 있다면

난
그걸로 됐다…

내가 말만 하면 마눌님이 뭐든 알아서 챙겨주니 편하긴 한데
내 물건도 어디에 뭐가 들어 있는지 난 알 수가 없네요.
신기한 게 눈앞에 놓여 있어도 내 눈엔 보이지가 않습니다.

무량수전

23.4.15.

안양문을 지나
계단을 올라서며
당신을 첨 본 순간
검게 그을리고 주름진
시골 할머니
얼굴이 보였습니다.

좋은 말로
순박하고 단순하다는 건
뭔가 시골스럽다는 겁니다.
뭔가
우직하고 바보스럽다는 겁니다.

화려한 색감과
기교가 더해져야
눈이 부시고 멋드려져
우린 그것에 감탄합니다.

높고 더 커야
우린 그 웅장함에
압도되고 작아집니다.

더하고 보태고
그 화려함의 끝은 어디일까요.
세상은
충분히 크고 화려합니다.
세상에 숨 막혀
간신히 올라 왔습니다.

당신은 만만해 보입니다.
쉽게 품을 내어주고
내가
뭔 말을 해도 받아줄 것 같네요.

당신이 그 자리에
무너지지 않고
오래 서 있는 건
소박하고 단순해 보였기 때문입니다.

당신이
마음속 깊은 곳
우리가 사랑했던 것을…
잊었던 것을…
다시 꺼내
보여주기 때문입니다.

왜 우리 땅엔 이집트나 로마처럼 세상에 내세울 멋진 뭔가가 없을까?
해외여행을 할 때마다 전 자존심이 많이 상했었습니다.
그런데 요즘은 그 화려함 뒤에 백성의 노고와 눈물이… 또 위압감이나 경외심을 주며 신의 위치에 서서 백성을 지배하려던 통치자의 음모가 같이 보입니다…
굳이 변명하자면 자연 친화적이고 인위적인 걸 최소화한 우리 조상의 건축물들이 더 크고 깊은 예술의 경지에 올랐던 게 아닐까 생각해 봅니다.

내 할머니

23.2.29.

손주 돌날
아내가 고이 간직해 둔
색동저고리랑 복건을 꺼내
아기에게 입히고 있다.

접혔던 자리
삭은 곳도 보이고
옷깃은 낡았다.

내 할머니가
내 돌날 입히시려고
손수 지으신 거다.
내 아들도 입었으니
벌써 삼 대째

딱 맞춤이로구나
내게도
저리 손바닥만 한 시절이 있었나…

며느리가
말도 없이 잽싸게 챙긴다.
지도 뭔 속셈이 섰겠지…

돌잡이에 방긋 웃는
손주를 바라보니
문득
사랑 사랑밖에 모르시던
할머니가 보고 싶다.
할미가 생각날 때면
괜스레
핑 눈물이 돈다.

나도
할비 된 지 오랜데…
그때
내 할미보다 나이도 많은데…

아직도…

할머니는 바느질 솜씨가 좋으셨습니다.
6·25 때 대구로 피난 가서 삯바느질 솜씨로 온 가족이 먹고 살았다고 하셨습니다.
제가 태어나던 그때는 모든 것이 부족했던 시절이었으니
단 한 번 입을 옷을 돈 주고 살 수는 없었겠지요.
어떤 생각을 하시며 제 돌옷을 지으셨을까요.
지금은 그 옷이 저희에게 큰 유산으로 남았습니다.
제게는 한땀한땀 바느질하시던 모습이 눈앞에 선명히 보입니다…

기다림

22.12.24.

꽃은
봄에도 피고
가을에도 핀다.

봄꽃은
따스함을
기대할 수 있어 좋고
가을꽃은
성숙해져 가는
기다림이 있어 좋다.

누구도
가을꽃을
봄에 피라 하지 않는다.

사람도 그렇다
때가 되면 핀다.

피지 못하고
지는 이가 있다면
그건
나 때문일 수도 있고
당신 때문일 수도 있고
우리 모두
공범일 수도 있다.

기다려 주지
못했기 때문이다…

왜 사람은 사람을 기다려 주지 못할까요
조급히 몰아세웠을 뿐 조금만 참아주고
조금만 기다려 줬더라면 그가 지닌 잠재력을 발휘했을 텐데…
안타깝게도 나이가 드니 중요한 걸 놓치며 살았다고 깨닫게 됩니다…

은퇴

22.12.1.

아름다운 은퇴는 없다.
일로부터 해방도 아니다.
애들은 모른다.
나도 젊을 땐 몰랐다.
은퇴식 날
송별회 하는
그 순간까지도 몰랐다.

그냥 바빴다.
그저 평범한 일상이었다.

막연히 좀 쉬고 싶다던가
하고 싶었던
뭔가를 해 보겠다던가
기다리면
누군가 불러줄 거라는
믿음이
헛된 꿈이라는 걸
일주일만 누워 있어 보면 안다.

내가 만들고 쌓아 논
그것이
모래성이었다는 걸
몇 사람만 만나보면 안다.

젊은 날
노인으로 보이던
그 나이
내가 아직 젊다는 걸
쓸모있는 인간이란 걸
보여 줄
기회조차 사라진다는 걸
난 몰랐다.

아무도
먼저 손잡아 주지 않고
스스로
털고 일어서지 않으면
귀찮은 인간이 된다는 걸

난 정말 몰랐다.

60이 넘으니 친구들이 은퇴를 하네요.
각 부문 최고의 경륜이 사장되는 것 같아 안타깝고 괜찮은 척하지만 아닌 것 같고
대화 중 비치는 속마음을 듣고서 한 줄 써 봅니다.
난 뭐라도 일하며 살고 있어 다행이지만 일하겠다는 사람 막지 말고
임금을 조정하더라도 정년이 연장됐으면 하는 바람입니다…

콩꺼풀

엄마 같은
여잘 찾았더니
세상에
딱 한 명뿐이더라

내게 잘 맞춰 줄
여잘 찾았더니
알면 알수록
척하는 거지
사람은 바뀌는 게 아니더라.

착한 여잘 만나
40년 넘게
바람처럼 꿈처럼
살아 왔건만
아직도 오리무중
한 가지 확실한 건
화내면 무섭더라.

그 날
결혼은 내가 하자 했지만
yes는 누가 했나
콩꺼풀이 씌었으니
어차피 쌤쌤 아니던가

아득한 옛날
콩꺼풀은 날아 갔지만
미운 정 고운 정 감싸 안고
세상 끝날까지
함께 가야 않겠나…

요즘은 중매라는 것도 없어지고 젊은 친구들 보면 따지는 것도 많고
짝을 찾는 게 참 어렵습니다.
우리 땐 대충 만나 보고 결혼했어도 잘 살았고 사실 결혼 전 이것저것
아무리 따져도 어차피 살면서 맞추며 알아 가는 것이 결혼 생활이지요…
까다롭게 굴지 말고 콩꺼풀 씌웠을 때 결혼하는 게 최고란 생각입니다.

시간

오늘도
습관처럼 일터로 나가
몇 푼의 돈과
시간을 바꾸고 있다.

부럽다는 소리도 듣고
하기 싫은 일을
하지 않기 위해
돈을 모아야 한다지만

그것도 젊은 날 이야기
마치
지는 것이 정해진
게임을 하는 기분이다.

이런 식이라면
내 맘 가는 대로
시간을 쓸 날이 올까

나이를 헤아리는 것보다
빠르게
시간은 흐르고
내 발걸음은
뗄수록
깊어지는
갯벌 속을 헤매며
무거워져만 가는데…

한 움큼
시간을 움켜쥐고
무얼 찾아
걷고 있을까…

살다 보면 여건이 돼도 막상 일과 자기 시간의 밸런스를 맞추는 게 어렵습니다.
삶을 알차게 보내라는 어른들 말씀에 속뜻이 무엇이었나 생각해 봅니다.
근데 시간이 빠른 건 확실한데 누구에게나 공평하다는 말은 맞는 걸까요…

쪽팔림

22.10.31.

쪽팔릴까 두렵냐?
용기를 가져라.
시도해 봐라.
젊음의 특권이다.
실패하면 어떻냐
남들이 비웃으면 어떻냐
쪽팔림은 잠깐이다…

뭔 짓을 하건
무슨 실수를 했건
시간이 지나면
아무도 기억해 주지 않는다.
너만 기억할 뿐이다.

자기 앞가림도 바쁜 세상
서운할 것도 없고
원래 세상이란
남에겐 관심 없는 거다.

꿈꾼다고 뭐 되더냐
결심한다고 뭐 되더냐

쪽팔려 못하겠다는
마음속 방패를 깨부수고
나쁜 짓만 아니라면
그냥 저질러 봐라.

단 한 번 주어진 기회
안 하면 못 한다.

남들도 그러더라.
죽을 때 후회한다.

젊은 날엔 세상을 살며 해 보고 싶은 일이 있어도 남들의 시선을 많이 의식하게 됩니다.
나이가 들면 그런 건 아무것도 아니라는 걸 깨닫지만
건강, 돈, 체력 걱정…
여러 가지 문제로 또 못하겠다는 구실이 많이 생깁니다.
언제 할 수 있을까요… 분명한 건 지금이 가장 젊다는 겁니다.

우상

22.11.10.

우상은 어디에나 있다.
한번 나타난
우상은 사라지지 않는다.

끝없는 갈증이
우릴 목마르게 하고
그 빛이 우리 눈을 멀게 해도
우리는 끝이 없는
그 길을 따라 걸어간다.

그건 분명 신기루다.
우린 안다
수없이 걸어 봤던
그 길과 다르지 않다는 걸…
거기에 가면
앞서
흩어진 발자국들과
또 다른 공허함 외에
우리가 찾을 수 있는 건
저 멀리서

손짓 하고 있는
또 다른 우상이란 걸…

알면서도 간다.
뒤돌아서기엔
이미 늦었고
따라가기엔
너무 지쳤다…

그렇게
우리가 다하여 스러지는
그 날
우상은 내게로 다가올 것이다…
그에게 기대어
비로소
난 누울 수 있을 것이다.

그건 우상이 아니다.
그가 나고
그를 만든 것도 나였으니…

살면서 우린 목표를 정하지요. 회사에서 승진…
좀 더 큰 아파트… 애들 결혼할 때까지…
그건 내가 만드는 것이 아니라 세상이 정해 주는 건지도 모릅니다.
그곳에 도달했다고 끝도 아닙니다.
이런 쳇바퀴를 탈출할 대안이 있을까요?
'나는 자연인이다'가 답일까요? 참 어려운 숙제입니다.

노모

22.10.27.

야. 야.
입천장 까진다. 식혀 먹어라.

아… 이… 그놈의 잔소리
나도 알아요…
속으로 꿀꺽 삼키다가
두 눈이 마주쳤다.

아. 차. 차.
어머니께 내 마음을 들켰다.
눈빛만으로
서로의 마음이 읽혔으니
당황스럽긴 마찬가지
순간
스파크가 번쩍
어머니도 나도 웃음보가 터졌다.

아무리 딴전을 피워도
멈출 수가 없다.
한참을 미친놈처럼 웃었다.

웃다가 웃다가
벌떡 일어나
화장실로 달려갔다.

울었다.
그냥 눈물이 났다.
어머니가 살아계심이
내 인생에 큰 빽이었을까…

모르겠다.
왜 웃음보가 터졌는지…
왜 눈물이 났는지…

어머니와 자식 간엔 눈빛만으로도 통하는 게 있습니다.
할애비가 된 이 나이에도 퉁명스럽게 대할 수 있는 유일한 사람이지요.
키가 많이 줄어드셨네요. 오래오래 건강하세요…

인연

만남이 없는 인연이 있던가

숨구멍 뚫리던
첫날의 인연은
영원할 줄 알았건만
어느 날
벼락 치듯 훌훌 털어버리며
내게서 떠나 버렸다.
그 공허함은
메울 수 없는 자리로 남아
난
놔줄 수가 없었다.

수많은 우연이 스치듯 쌓여
필연처럼 얽혔던 인연이
문득
멀어진 자리는
언젠간 다시 이어지리라는
미련으로 남아
난
놓을 수가 없었다.

세월이 흘러도
멀어지고 흐려지는 것일 뿐
시간이 지난다고 해결되는 것은 아니다.

그래도 그게 낫다.
지나간 것은 되돌릴 수 없다는 걸
저절로
깨닫는 날이 오듯이
기다리며 그대로 놔두는 편이 낫다.

오는 인연은 오는 대로
가는 인연은 가는 대로
모두 안고 내 길을 가야 한다.

그래… 그게 차라리 낫다.
그건 짐이 아니라 그게 삶이다.

그렇게 걷다 보면
언젠간 알몸으로 걷는 날이 오니
그날
난 자유로워 지리라.
바람되어 날아가리라.

젊은 날엔 다양한 사람들과 인연을 맺기 위해 노력하며 삽니다.

안 가르쳐 주어도 생존을 위해선 network가 중요하다는 걸 알기 때문이겠지요.

나이가 들면 그 인연이 멀어지기도 하고 이해관계가 없었던 사람들과 친해지기도 합니다.

분명히 죽는 날까지 맺어놓은 인연은 소중합니다. 하지만 자꾸 줄어들어 가지요.

지름길

알고 가야 한다.

높은 산에서
내려오는 여러 갈래 길 중
지름길은
가장 가파른 길이다.
빠른 만큼
위험은 불가피하다.

멀리 떨어진 곳을 가는
도로 중 지름길은
고속도로다.

아무 생각 없이
차를 몰고 다니지만
그 길을 내기까지
산을 뚫어 터널을 만들고
계곡 사이에
높이 다리를 건설한
수많은 사람의
시간과 노고가 녹아 있다.

내가 아는
지름길이란
그런 거다.

'한 방은 없다'가 아니라
그런 것 없이는
위험을 감수해야 하고
반복하다 보면
언젠간 자빠진다는
믿음이다.

요즘 젊은 사람들 코인 주식 부동산으로 쉽게 돈 번 사람 이야기에 열광하는 것 같습니다.
근데 쉬운 한 방이라는 게 있을까요? 그늘에 가려져 안 보이지만 투자 실패한 사람들 이야기에도 관심을 가져야 균형이 잡히지 않을까요?

올림픽 공원

22.10.24.

공기가 시원하다.
마누라랑
소로로 접어드니
한적하다.
주차장에 꽉 찬 차
출입구에 넘치던 인파
그 많은 사람은
다 어디로 갔나

와. 와.
멀리 들리는 함성 소리에
이끌려
다가가 보니
듣도 보도 못한
그랜드민트 훼스티발
티켓 한 장에 11만 원이란다.

어떻게 알고 모였을까.
웃고 떠들고 소리치고
애들로 미어터진다…

아…
난 여기서도 저기서도
한 걸음씩
밀려나고 있구나.

애들은 알까.

젊음은 언제나 부럽고
가을은 언제나 설레는데
세월이 가는 건
아쉽기만 하다.

정보가 넘치는 시대지요.
그런데 어떻게 찾아야 하는지를 알아야 넘칩니다.
어떤 면에선 우리는 점점 세상으로부터 소외되는 것 같습니다.
두렵기도 하고 아쉽지만 그게 세상의 순리일지 모르겠네요…

낙화

22.5.8.

이런 것에
마음 흔들리는
날이 올줄이야

살다 보니
잘 살아온 세상
참다 보니
잘 견뎌 낸 세월

난 바보인가 봅니다.

당신과 나
나란히 앉아
저…기…
꽃이 떨어지는걸
보고 싶습니다.

어린 시절 제 나름
꽃이 피는 순서가 있었지요.
개나리 목련 진달래 벚꽃 철쭉 영산홍
글구 라일락이 피고 나면
바로 여름
근데 요즘은 봄꽃이 한꺼번에 몰려왔다 한방에 가네요.
세월이 빠른 건지 세상이 바뀐 건지
내가 혼미한 상태로 사는 건지…

냄새

21.6.7.

깜짝 놀랐다.

아침에 샤워하려 벗던
내복에서
퀴퀴한 냄새가 난다.
어제 잠들기 전
목욕하고 갈아입은 옷이다.
분명 땀 냄새와는 다르다.
노인 냄새다.

지하철을 타보면
멀쩡한 노인 중
술 냄새도 담배 냄새도 아닌
이상한 냄새에
절어 있는 이가 있다.
옆에 서 있기도 괴롭던
그 냄새랑 비슷하다.
설마 그 냄샐까.

하긴
친구랑 대화 중
입 냄새 때문에
정신이
혼미해진 경우도 있으니
너나 나나
노인 소리를 들어도 싸다.

예전엔
김칫국에 밥 말아 먹다가
키스도 했는데
그땐
어떻게 했는지 모르겠다.

우리의 몸도 서서히 맛이 가나 봅니다.

난 아니라 생각했는데 예외가 없습니다.

왜 나이 들면 하루에 세 번씩 샤워하라고 했는지 이해가 됩니다.

예순여섯

21.2.23.

참 요상한 나이다.
아무리 계산해도
70쪽이 가까운…
온갖 치장을 하고
용을 쓰며 뒤에 숨어도
남들이 먼저 알아채고
저 영감탱이 늙었군…
소리를 듣고야 마는

현역에서 원로로
자리가 바뀌고
다음에도 꼭 자리를 빛내 달라는
그 말이
심장을 찌르며
그만 물러나라는
소리로 들리는…

돈 뿌릴 때가 아니면
어디에 낑겨 있어도
낙동강 오리알처럼
처량한 느낌이
앞서버리는
그런 나이

이제
그만 내려가자는
맘이 스멀스멀 피어나도
이러지도 저러지도 못하며
엉거주춤

이러다간 팽 당한다는 걸
벼랑 끝이 멀지 않았다는 걸

저절로
저…절…로
깨닫고야 마는
그런 나이다.

나이가 뭔지 나름 사업하며 인맥을 쌓겠다고 사회 활동 열심히 하며 살았는데 이젠 여기저기 맡았던 회장 임원직 내려놓고 고문으로 물러났네요.
고문이라는 자리가 가도 되고 안 가도 되고…
가면 후배들 부담을 주는 자리니 사회 활동도 서서히 끝나가나 봅니다.

우린 그렇게

20.9.21.

우린 그렇게 갑니다.
오늘 머물다
누군가에게 추억이 되며
결국 바람처럼
먼지처럼

우린 그렇게 삽니다.
밥걱정에 머릴 싸매다
당신과
웃고 사랑하며
엎어지고 어깨동무하며

우린 그렇게 알아챕니다.
앞으로
딛고 앞으로

나아 갈 수밖에 없다는 것을
멈출 수가 없다는 것을
여전히 하늘은 푸르다는 것을

내가 지금 마신 한 방울의 물이
먼 훗날
누군가에게
생명수가 될 것이라는 것을

우린 그렇게
그렇게 기어이 하나가 됩니다.
그 날
그 하늘 아래서…

친구의 부음 소식을 들었습니다… 산다는 게 어떤 이는 곧 세상을 뜰 것 같은 병마의 고통 속에 살다가 쓰러져 몇 년 지나도록 이것저것 주렁주렁 매달고 의식 없이 모진 삶을 이어가고 때론 멀쩡한 사람이 한순간에 사고로 허망하게 가기도 하니 어찌해야 잘 사는 건지…
고1 때 내 짝 잘 가라… 고마웠다…

젊은 날

거절하는 법을 배워야 했다.
거절하는 연습을 해야만 했다.
손절을 미안해할 필요가 없었다.

조건 없이 주는 사람을
경계해야 했고
자주 챙겨주고
날 알아주는 사람을
경계해야 했다.
순수함으로 날 탄복하게 하고
함께 가자는 사람을
경계해야 했다.

비난의 눈초리가 무서워
머뭇거리고
좋은 사람이라는 평판이
불신으로 바뀔까
두려워하면 할수록
내 인생은 그를 위한
조연으로 살게 된다는 걸

한 잔의 술과
달콤한 칭찬의 말은

그저 자신의 목적을 위한
도구에 불과함을
아무도 알려주지 않았다.

손절과 거절은
배신이 아니라는 걸
그와의 끈이 떨어지는 걸
두려워할 필요가 없다는 걸
진작에 깨달았어야 했다.

먼저 작은 먹잇감을 던지는
간단한 낚시질의 원리를
좋은 사람이 아니라
쉬운 사람으로 살던
젊은 날
난 알지 못했다.

그때
그는 알고 있었을까…
말로 하는 이상은 평화롭지만
몸으로 부딪히는
현실은 잔인하다는 걸…

살아보니 앞장서서 관계를 만드는 사람 중 순수하지 못한 경우도 많이 있습니다. 자기 목적은 숨기고 다른 것으로 위장을 하지요. 조건 없이 뭘 주거나 작은 고민을 해결해 준다거나 오랜 시간 공을 들이기도 합니다. 미안해할 것 없습니다. 스스로 판단해 이상하거나 아니다 싶으면 그가 친 그물망에서 늦기 전에 빠져나와야 합니다.
'세상에 공짜는 없다'가 진리지요.

열여섯

20.9.1.

누구에게나
마음 깊은 곳에
16살 청춘이
웅크리고 숨어있다.

아무것도 아닌
말 못 할 고민과
여자애의
스치듯 마주치는
눈동자와
흰 손만 바라봐도
쿵쾅쿵쾅 가슴이 뛰고

내가 누군지
처음 고민이 시작되던
설익은 시절

우린 안다.
지나왔기 때문에
그날 그 설렘을 안다.

지나갔기 때문에
아름다운 거다…
후회했기 때문에
그리운 거다…

세월과 싸우며
내 맘에 철갑을 두르고

돈과 싸우며
냉철함과 비정함으로
내 몸을 가리고 있어도
때론 따뜻한 눈으로
세상을 바라보고
무장을
스스로 풀 수 있는 것은

애도 어른도 아니었던
그런 세월이
내게도 있었기 때문이다.

분명
돌아가고 싶기 때문이다.

어린 시절 친구들을 만나면 마음이 편안해집니다.
아무런 이해 관계없이 그 시절로 돌아가 맘을 터놓을 수 있지요.
삶에 큰 위로가 됩니다. 삶에 오아시스가 돼 주는 큰 빽입니다.

여름비

20.8.27.

장마가 길다.
반짝 햇볕에
마누라와 길을 나서며
혹시나 하고
우산을 하나 들었다.

이게 웬일
얼마 걷지도 않았는데
폭우가 쏟아진다.

오랜만에
반쪽이 흠뻑 젖었다.
오랜만에
한 우산 속에
팔짱을 끼고 함께 걷는다.

빗물이 따스하다.

가슴도 따스하다.

이 느낌
얼마만 인가…

어린 시절 그땐 비가 와도 아랑곳하지 않고 뛰어다니며 놀았지요.
그땐 하늘도 맑았고…
근데 언제부터인가 빗속엔 공해물질이 잔뜩 들어있고 지저분하고 될 수 있으면 피해야 하는 걸로 바뀌어 버렸네요.
비를 피하며 산 덕분에 잊혀진 게 많네요.
그러고 보니 뜨겁던 한여름에 맞은 비는 따뜻하게 시작됐습니다.

위로

위로가 필요한 이에게
무슨 말을 해야 할까
고민하지 마세요.

침묵하고
이야기를 들어 주세요.
필요하면 손잡아 주고
등 두드려 주세요.
꼭 하고 싶은 말이 있으면
신중히 생각해
한마디만 하세요.

위로한답시고
섣불리 말을 꺼내지 마세요.
그 말이
상처가 될 수 있답니다.
당신의 선한 의도가
아픈 가시가 될 수 있답니다.

때론
눈빛만으로
손을 잡아 주는 것만으로
수십 년을 함께 나눈 것 보다
더 많은 이야기를 하고
어떤 의사의 처방보다
상처와 아픔을 감싸 줄 수 있지요.
만일
말없이 통할 자신이 없다면
침묵을 선택하세요.

그걸로 충분하답니다.

―
세상 살며 큰 상실감이나 상처를 입은 사람에게 위로의 말을 건네는 게 쉬운 일이 아닙니다.
잘못 말하면 위로가 되는 게 아니라 그 상처를 건드리고 자극합니다.
꼭 내가 나서서 도와야 될 일이 아니라면 침묵하고 지켜보는 게 어떨까요…

너만 모른 거다

나무 위를 조심하라.

위에서 내려다볼 수 있지만
아래에서는 너만 보인다.
멀리 볼 수 있지만
흔들면 떨어진다.

어수룩해 보이는 사람 조심하라.

네게 고개 숙여도
네 말에 껌뻑 죽어도
그런 사람에게 속는 법이다.
너보다 똑똑지 못한 사람 없다.

세상사 너만 옳다 생각 마라.

귀 막으면 너만 손해다.
누구나 자기 생각이 있는 법
다른 사람 생각을 바꾸는 건
태산을 옮기는 것보다 어렵다.

이익에 움직이는 사람 원망 마라.

이유가 뭔지 고민하고
네 노력이 부족함을 반성해라.
모든 사람이 알고 있었고
그가 보낸 여러 번의 싸인을
너만 모른 거다.

무슨 일을 도모하건
신뢰와 겸손이 바탕임을
잊지 마라.
그걸 잃으면 모든 걸 잃는다.

시(?)라기보다 회사를 운영하며 내부 관리에 나름 느낀 바를 적어 봤습니다.
분명 우리나라 똑똑하고 부지런하고 개성 있는 인재가 넘칩니다.
그리고 가방끈이랑 상관없이 제 머리 위에 앉아 있고요…

다행이다

20.6.9.

마누라가 목욕탕에서 자빠졌다.
죽는다더니
병원에서 깁스를 하고 왔다.
부러진 곳은 없는데
신기하게
양손 가운데 손가락만
인대가 늘어났단다.
그러며
천만다행이란다.
연로하신 어머니 대신
자기가 먼저 미끄러져서

늘 이런 식이다.
자기가 남들보다 먼저 당해서
남편 짐도 자식 짐도
자기가 먼저 안을 수 있어서
다행이다…
다행이다…

언제까지 먼저 당하고
먼저 희생하고 살 건지

퉁퉁 부은 손가락은
코끼리 발이 되었고
호…호…
불어주니 아파 죽는단다.

가슴 철렁거리는
일 좀 그만 만들었으면
칠칠치 못한 마누라와
무심한 남편이 산다.

그래서 천생연분인가…

마누라는 집안일이건 밖에 일이건 남 시키기보단 지가 직접 몸으로 때우고 뭐든 지가 양보해야 맘이 편하답니다. 그러니 항상 손해를 볼 수밖에… 남들에게 피해를 주는 일이 아닌데도 스스로 알아서 양보하며 불편을 감수하기도 합니다. 착한 건지 뭔지… 이 거친 세상 나라도 정신을 바짝 차려야 겠네요…

정답

19.12.5.

정답은 없다.

뒤돌아보라.
네가 걸어온 길

비바람 속
휘청이며 걷다 보니
세월 따라… 운 따라
이 자리에 서 있게 된 것뿐

옳고 그른 길이 있던가
누구에겐 운이 따랐고
누구는
시대의 흐름을 잡지 못했을 뿐…

가난해지려고
노력하는 자 있던가…

어떻게 되겠지 하고
있으면
정말 어떻게 될 뿐

될 대로 되라 하고
있으면
정말 될 대로 될 뿐

내일 일은 알 수 없고
결과는 두렵지만
두려움이 답은 아니다.

그대여
목적지가 보였다면
한 걸음 앞으로 내딛어라

그게 정답이다.
자신 있게
다시 또 한 걸음

사업을 해 보겠다는 후배가 있습니다.
해 줄 말이 많지만 해 줄 수가 없네요.
눈앞에 수많은 그림이 펼쳐집니다.
한 번뿐인 인생 해 보고 싶은 일을 해 보고 죽는다면 후회는 없다는데…

약손

19.9.24.

울 아가가 다 토했다…
자기도 놀랬는지
동그란 눈망울에
두려움 가득
배 아프다 운다.

신기하다.
까마득한 옛날
들었던 가락대로
흥얼흥얼
느낌 대로 손이 간다.

할비 손은 약. 손.
울 아가 배는 똥. 배.
쑥쑥 내려라. 쑥쑥 내려라.

꾸르륵. 뿡. 뿡.
부르릉. 부르릉
방구가 쏟아지니
낯빛은 풀리고
썩은 냄새가 구수히 진동을 한다.

할비. 손. 은.
약. 손.

뜬금없이 목이 멘다.
힐끔
마누라가 못 본 척 눈길을 돌린다.
에이구 주책
그녀는 안다.

작은 손녀가 아파 아들이 큰 손자만 데리고 집으로 놀러왔습니다.
할미가 한 상 가득 차려 줬는데 맛있다고 먹더니 과식을 했는지 다 토해 버렸습니다.
울고불고 씻기고 치우고 할미 품에서 떨어지질 않아 옆에 붙어 앉아 배를 쓰다듬어 주었습니다. 아련히 옛 생각이 납니다…

지금
내 할머니가
손주 아가 배를 쓰다듬고 계심을…
까실한 손바닥의 따스함과
인자한 미소와 그 순간의 눈맞춤을…

언젠간
지 손주 배를 쓰다듬어 줄
울 아가
꼬막 손이 보인다.

그 날
내 생각이 날까…

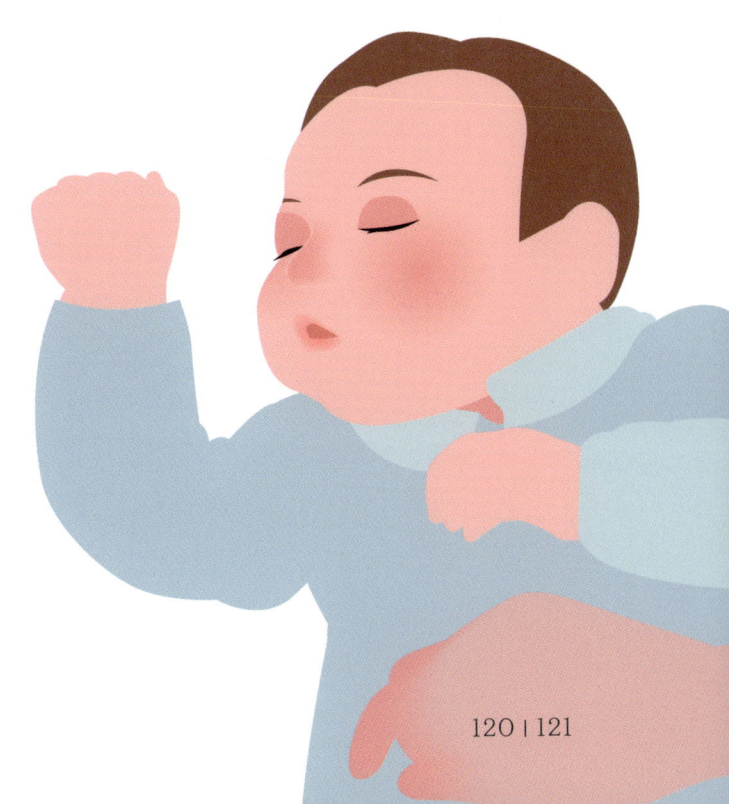

돈

19.2.1.

돈은 칼이다.

돈을 나눠 주겠다고
외치는 자가
칼을 품은 자다.

더 이상 필요 없다.
떠드는 자가
칼을 숨긴 자다.

무심한 척 못 본 척
외면하는 자가
칼을 노리는 자다.

바로 그들이 내게서
돈을 뺏어가는 자다.

돈은 우상이다.

모든 종교가
사이비라 외치지만
그 뒤를 따른다.
모두 성인이
버리라. 비우라. 외치지만
끝없는 숭배를
멈추지 못한다.
그의
전지전능함과
부족함의 고통을 알기에
쌓고 또 쌓아도
그 갈증을 멈출 수가 없다.

돈은 힘이다.

그 힘의 원천은
통장의 숫자가 아니다.

쓰는 것이다.
돈은 쓸 때 빛난다.
남을 위해 쓸 때 더욱 빛난다.
뭐든 할 수 있지만
너무 꽉 잡으면
놓을 수 없고
너무 깊이 빠지면
그 끝은 나락이다.

잘 놓을 줄 알아야 한다.
그게
다른 이를 살리고
나도 사는 길이다.

가보지 못한 길
가볼 것인가…
쥐고 있다 갈 것인가…

자본주의 세상에서 돈은 시작이자 끝이지요.
나이가 들수록 그 힘을 절감하게 되니 멀리할수록 나만 손해입니다.
왜 아무도 어떻게 벌고 어떻게 지키고 어떻게 써야 하는지 알려주지 않을까요.
혹시 일부러 그러는 건 아닐까요… 자본주의 세상에 미스테리입니다.

11월의 끝 날에

18.11.26.

문득
창틈 휘파람 소리에 놀라
창밖을 내다보니
어. 라.
그대가 낙엽 흩뿌리며
종종걸음쳐 뛰어간다.
당장 쫓아나가
그대 뒷모습이라도
눈에 담아 놔야겠다.

난 언제나 한 발짝 늦구나.
왜 몰랐을까…

영원할 것 같던
아름다운 시절

그대와 함께 걷던
함께 울던
그땐

잘 가라 11월이여…
그대가 불어주는
차디찬 휘파람 속
깊이깊이
말라버린 내 눈물
낙엽처럼 흩어진 내 꿈
아쉬움
미련
모두모두
꼬. 옥. 안고

다시 못 올
다시 못 볼
내 인생의 가을이여…

어릴 때 누가 70대에 돌아가셨다는 부고장을 받으면 장수하셨다고 덕담을 했지요. 지금은 그런 소리 했다간 뺨 맞는 세상입니다.
그럼 인생을 봄 여름 가을 겨울 사계절로 나눈다면 난 어디쯤 와 있는 걸까요? 겨울이라 하기엔 억울하고 가을이라 하기엔 욕심 같고…
그 어중간한 어느 지점 같은데… 남은 세월 잘 살아야겠다고 다짐해 봅니다.

사기

18.4.5.

그렇게 좋으냐
세상 모르는 젊은 애들
가슴에 못을 박고
피 눈물 흘리게 해서

그렇게 기쁘냐
열심히 좀 살아보겠다는
남의 가정 파탄 내고
길거리로 내몰아서

그렇게 즐겁냐
안 먹고 안 쓰며
노인들
평생 모은 삼짓돈
전화질로 다 털어먹고
남의 밥줄 끊어놔서

비즈니스니
투자니
설레발 치며

홀려서
한 발 담그면
땡기고 구슬러
단물 쓴물 뼛골까지
몽땅 빼 먹으며
널 믿은 사람 뒤로 비웃고
속은 놈이 바보라고 조롱하며
너만 잘 먹고 잘 살면 행복하냐

하기야
양심에 가책을 느끼면
그런 짓 하겠냐

사람의 탈을 벗었으니
뭔 짓은 못 하겠냐

법은 개털이고
내가 정신 바짝 차려야지
결국
돈이 웬수다…

뭘 모르는 애들 전세 보증금 빼먹어 자살하게 만들고 펀드니 뭐니 하며 합법을 가장해 서민 돈 빼먹고 세상이 왜 이렇게 돈에 눈멀고 살벌할까요. 20살짜리에게 성인이니 본인 책임이라는 게 맞나요? 하긴 남을 속여 자기 이득을 취한 예는 유구한 역사를 자랑하지요. 참 어려운 세상살이입니다.

외로움

외로움은 두려움이다.
그 근원을
마주 볼 수만 있다면
그는 사라지고
상징만 남을 것이다.

어미의 배 속을
뚫고 나온 순간부터
외로움은 잉태되었고
홀로 설 운명이었단 것을
인정해야 한다.

동굴에 숨지 말고
나와
두 발로 단단히 서야 한다.

깊은 산 중에
홀로 남겨져
두려움에 지친
그를 마주친 순간
먼저 손 내밀어

그의
늘어진 어깨를 감싸 안고
운명의 비밀을
속삭여 줘야 한다.

그가
내 어깨에 기대어
접었던 날개를 다시 펼치는
그 날이 오면
두 팔
크게 흔들어
배웅해 줘야 한다.
축복해 줘야 한다.

그 날
난 두렵지 않을 것이다.

제일 먼저
그대에게 달려가
내 마음
열어 던지리라…

부처님이 태어나서 처음 하신 말씀이 천상천하유아독존 天上天下唯我獨尊이고
한자의 사람 인人자는 두 사람이 기대어 서 있는 모습이라죠.
아마 사람이란 홀로 서야 하고 또 혼자서는 살 수 없는 존재가 아닐까 합니다.
뭐가 먼저일까요? 전 혼자 서는 게 먼저라 생각합니다.

깜빡

17.10.5.

깜빡했다.
중요한 저녁 약속이었는데…
아침에도 외우고 나갔는데…

아무 생각 없이
집에 들어와
저녁 먹고
TV 틀고 마누라랑 이빨까며
탱자탱자 하다가
전화 받고
화들짝 놀랬다.

그렇지 않아도 지금 전화하려 했다고
회사 회의 땜에 늦는다고
퇴근 시간이라 길이 너무 막힌다고
지금 가고 있으니 먼저 시작하시라고
말도 안 되는 변명을 하며

정신 좀 차리고 살라…
옷 챙겨주는
마누라에게
뒤통수로 욕먹으며
서둘러 외출을 한다.

오늘 저녁은 두 번 먹어야 할까 보다…
그나마 집에서 가까워 다행이다…
근데 이번이 몇 번째더라…
생각이 안 난다…

세상일에 너무 지친 건지… 건망증 초기인 건지…
약속을 해놓고 아침에 핸드폰에 메모 확인하고도 저녁에 잊어버리니 어쩌자는 건지…
요즘은 약속 있으면 미리 마눌에게 꼭 이야길 합니다.
마눌님은 약속 시간 맞춰 알람도 울리게 해놓으랍니다.

산

눈에 보이는 게 다가 아니다.

산이 보고프면
멀리 떨어져야 한다.

가까이에 가면
얼마나 높은지
얼마나 깊은지
알 수가 없다…
아무리
그 품속이 포근해도
때론
멀리서 바라봐야 한다.

걸어야 한다.
걸으면
처음으로 보이는 것이 있다.
가며 본 것과
오며 보인 것이
달리 보여도
이상한 것이 아니다.

그곳에
오래 살았다 해도
본래 그 자리에 있었어도
차로 왔다갔다 하면
볼 수가 없었던
그런 게 보인거다.

누군가
알고 싶다면
멀리서 바라보고
천천히 살펴봐야 한다.

내가 놓쳤던
뭔가를 보게 될
그 날까지
기다리며
그렇게 살아야 한다.

삶은 많은 사람과 관계를 이루며 사는 것이지 혼자 살 수는 없습니다.
개인적으로 세상을 살며 가장 어려운 일중 하나가 어떤 사람인지 알아보는 일입니다.
가까운 사람일수록 그 사람과 거리와 시간을 두고 떨어져 보면 그가 어떤 사람인지 생각할 수 있게 됩니다.

제 생각에 이런 글을 시라고 말할 수는 없고
그냥 더 늦기 전에 애들에게 당부하고픈 말을 써 봤네요.
더 할 말이야 많지만 잔소리 같고 그냥 써 놓고 보니 내 맘은 편합니다.

하지 마라

16.4.6.

도와달라 찾아오면 돕지 말고
네가 도와줄 사람을 찾아라.
섣불리
오랜 시간 매이는 짓 하지 마라.
하다 말면 상처를 주고
계속하면 자기 인생을 잃는다.

부모 위한다고 연명치료 하지 마라.
살아나 제정신으로 걷는 게 아니라면…
그만하면 충분히 살았으니
너 살 궁리나 해라.

빚지지 말고 보증 서지 마라.
너 망해도 아무도 보태주지 않는다.
남들과 똑같은 일하며
돈은 더 벌 생각하지 말고
네 이익을 위해
다른 사람 피 흘리게 하지 마라.

세상사 판단은 하되 말하지 마라.
그 말이 널 가둔다.
누군가 흑黑과 백白 중 선택하라 할 때
항상 청靑과 적赤도 있음을 기억해라.

세상이 잘못됐다 원망하지 마라.
강자에게 유리하게 짜인 게 세상이다.
네가 강자라면 유리하게 안 짜겠냐
네가 세상을 바꿀 수 없다면
세상의 흐름에 올라타라.

애들아
어려운 이를 돕고
멀쩡할 때 부모 자주 보고
돈 많이 벌고
구설수에 말려들지 말고
세상을 잘 살펴라.

세상은 바뀌지만
변함없이 지켜야 할 것이 있다.
그렇게 살아라…

낙엽

15.10.19.

오늘은
함께 걷는 친구가 있는 걸로
족한 날이다…

머리 위를 가린
은행잎은 노랗게 하늘을 덮고…
그 사이 하늘은 높다.
이사 온 지 30년
세월만큼 나무들도 훌쩍 컸다.

내게도 저토록
온몸을 물들이고 싶어
애태우던
날들이 있었던가

난
그저
젊어선 혼자 걸을까 두려웠고
지금은
혼자 남을 이가 애처로울 뿐

이파리 사이로
스미는 노을빛은
눈이 부신데…
바람은 차다

파르르 떨던 나뭇잎은
잡았던 손 뿌리치며
나 들으라
소리 지르며 귓전을 때린다…

이제 때가 되었다.
이젠 그만 놔도 된다.

한 걸음 두 걸음
저만큼 앞선
마누라는
낙엽을 밟으며 말이 없다.

무슨 생각을 할까
무슨 소리가 들릴까

마누라랑 걷는 걸 좋아합니다. 걷다 보니 해가 기우네요.
노을이 아름답고 햇볕이 없는 곳은 으스스… 낙엽은 바람에 날립니다.
나이를 먹어가니 어떤 날은 괜히 센치해지네요.
이런저런 이야기하길 좋아하는 마눌이 말이 없습니다.
오늘이 그런 날인가 봅니다.

안양천에서

15.4.12.

바람에
벚꽃 잎이 날린다.
마누라 손 잡고 걷는 길
아득히
연분홍빛으로 꽉 찼다.
내일 비가 온다니
금년 끝물인가 보다.

천천히 걷자며
당기는 손끝이 따뜻하다.

터벅터벅
발맞추는 꽃길 따라
지금
천국이 내 맘속으로 들어온다.

그대가 온다.

정말 날씨 좋고 벚꽃 잎이 눈꽃처럼 쏟아지는 날입니다.
집 뒤 안양 천변에 심어놓은 벚나무가 터널을 이루고 매년 꽃은 피고 지지만 이렇게 타이밍 맞춰 날리는 걸 직접 눈으로 보며 느낀 것이 얼마 만인지⋯
짧지만 며칠 동안 봄이 왔음을 알려주고 또 아쉬움을 남기며 내년을 기약하네요.

꿈

아름다운 삶이
그리우면
꿈을 꾸면 된다.

왜 없었겠나
삶이 나를 흔들고
세월에 막혀 숨 못 쉬고
알던 길도 헤매던 날들이

내 평생 걸어
문득
하늘 올려다 본 그 밤
그날도
거기
제 자리 지키는
북극성처럼
나를 위해 반짝이는

등대가
바로 그곳에 있었음을
알게 되리니

놓지 말고
가끔 바라보며 살면 된다.

살아보면 오랫동안 품고 가는 꿈도 있고 자주 바뀌게 되는 꿈도 있게 됩니다.
무엇이든 꿈을 꾸는 삶을 살았으면 합니다.
제가 좋아하는 '나를 외치다'란 노래의 '나의 길을 가고 있다고 외치면 돼'
라는 가사처럼 이뤄지지 않더라도 지워버리지 않고 꿈을 향해 살아갔으면
합니다.

에필로그

생각해 보면 우리 세대는 산업화 시대에 교육을 받고 사회에 나와 일밖에 몰랐고 그렇게 살아야 하는 걸로 알고 앞만 보면서 달려온 세대임에 틀림없습니다.
폭발적으로 성장하는 나라 덕에 국내외로 일자리는 넘쳤지만 재충전을 위해 쉰다거나 내 삶이 더 중요하다 생각하는 것은 그저 배부른 소리로 무시당하던 세월을 살았지요.

다행히도 자신은 굶더라도 자식의 교육은 포기하질 않았던 부모 세대의 희생과 노력 덕분에 세대가 거듭 지나며 살림살이가 점점 좋아진 것이 사실이고 불만이야 많겠지만 그때 만든 과실 덕에 요즘 젊은 세대는 세계 어디에 내놔도 당당하고 자신의 주장을 거침없이 펼치며 삶에 행복을 추구할 줄 아는 세대로 변하게 된 것이라 생각합니다.

사실 우리 세대에겐 문학이나 예술을 한다는 건 먹고 살길을 포기하는 것으로 치부되었으니 남자가 그쪽 길을 걷기는 정말 어려웠지요. 제 경우도 평생 장사 생각만 하며 당면한 문제를 어찌 해결할 것인가 고민하며 숨쉴 틈 없이 바삐 살았고 한 탬포 늦추거나 쉰다는 건 정신 상태가 헤이해 진 것이거나 사치라 생각하며 살았습니다.
그러니 나이가 들어 정말 우연히 내 이야길 글로 쓰게 되면서 이것이 내게

숨 쉴 수 있는 공간을 내어 줄 수 있다는 걸 발견하게 된 건 특별한 행운이었습니다.

덕분에 재미 삼아 조금씩 글이라고 쓰다 보니 자연스럽게 부러운 것이 하나 생기더군요.
서울에서 태어나 자라나서일까요. 제겐 시골에서 자연을 많이 접하고 자란 친구들이 갖고 있는 따뜻한 정과 서정성 있고 자연 친화적인 감성이 많이 부족하다는 걸 알게 됐습니다. 제가 제 글을 읽어봐도 뭔가 딱딱하고 드라이하다는 느낌을 지울 수가 없었습니다.
같은 시대를 살고 있는 시인들이 노래하는 시를 읽다 보면 그 글 속에 들어 있는 섬세하고 순수한 감수성의 근원이 어린 시절 시골에서의 궁핍하고 어려웠던 삶과 산과 들을 뛰어다니며 저절로 친구가 되어 준 자연에서 얻은 영감과 추억이 바탕이 되어 아름다운 글로 나오게 된 것 같다는 생각이 들더군요.

부러웠습니다. 제겐 그런 글을 쓸 능력이 없다는 것이… 하지만 나이를 먹다 보니 시라는 게 꼭 그런 감성을 갖추고 있는 사람만이 쓸 자격이 있는 것이냐 라는 의문이 생겼습니다.
글을 써보니 어차피 내가 모르는 세상을 이야기할 순 없고 제가 성인이 되어 가정을 꾸리고 살며 지지고 볶은 이야기나 장사를 하며 사람들에게 시

달리며 세상과 부딪힌 삶에 이야기를 풀어 남들에게 내 생각과 느낌을 알려주는 것도 나름의 가치 있는 일이 되지 않을까라는 오만한 생각까지 하게 됐네요.

부끄럽습니다. 전 문학가의 치열함도 없고 시도 모릅니다. 그저 학생 시절 외었던 몇 편의 시를 생각하며 이렇게 쓰면 되겠지 몇 자 적어 본 걸 책으로 엮었으니까요.
그래서 제가 시(?)라고 쓴 것이 남들로부터 이런 게 무슨 시냐? 거나 어디서 읽은 것 같다는 비난받을 거리를 자초하고 있는 건지도 난 모릅니다. 그럴 수도 있습니다.

하지만 분명한 건 누군가에게 전하고 싶은 말을 시라는 형식을 빌려 글로 옮겼다는 사실과 하고 싶은 걸 안 하면 죽을 때 후회 한다는 말을 믿으며 나이 70이라는 시점에 다시 저지르고 보자는 용기(?)를 냈다는 것입니다.

이 글로 뭔 소리를 듣건 그게 중요할까요?
삶을 하나씩 매듭지으며 앞으로 걷고 있다는 것,
그걸로 전 충분합니다.
감사합니다.

이승하

1956년생
동성고등학교
중앙대학교 약학대학
(주)큐엘파마 대표이사

삶의 모자이크

초판 1쇄 인쇄 / 2025년 4월 23일
초판 1쇄 발행 / 2025년 4월 30일

지은이 / 이 승 하
발행인 / 이 중 수
발행처 / 동 문 사

서울특별시 서대문구 홍제원 1길 12(홍제동 137-8)
Tel : 02)736-3718(대), 736-3710, 3720
Fax : 02)736-3719
등록번호 : 제9-17호
등록일자 : 1974년 4월 27일
가격 : 20,000원

ISBN : 979-11-6328-682-0 (03810)
E-mail : dong736@naver.com
Homepage : www.dongmunsa.com

저자와의 합의하에 인지는 생략합니다.

이 책은 저작권법에 따라 보호받는 저작물이므로 무단전재와 무단복제를 금지하며, 이 책 내용의 전부 또는 일부를 이용하려면 반드시 저작권자와 동문사의 서면동의를 받아야 합니다. 무단전재나 무단복제 행위는 저작권법 제136조(벌칙)에 의거, 5년 이하의 징역 또는 5천만 원 이하의 벌금에 처하거나 이를 병과할 수 있습니다.